KOSTBAR *und* KÖSTLICH

ESSEN IST FERTIG!

Auf den nächsten Seiten wird's kostbar und köstlich

★☆☆ Laie

★★☆ Anfänger

★★★ Hobbykoch

ERLAUBT IST, WAS GEFÄLLT

Traditionelle Lebensmittel, ein paar alte und neue Kochbücher, von unseren Eltern und Großeltern übernommene Rezepturen und dazu eine kleine Portion Geschick, mit Küchenmessern, Töpfen und Pfannen zu hantieren – das sind die Grundlagen für eine Küche, die wieder Spaß machen soll, sowohl beim Zubereiten als auch beim Essen.

Doch das ist erst der Anfang: Was passt wozu? Welche Geschmacksrichtungen könnte ich neu miteinander kombinieren? Wieso sollte man nicht einmal einzelne Rezepte auseinandernehmen – dekonstruieren – und dann die Bausteine wieder in anderer Form zusammensetzen?

Mit diesen Fragen beginnt eine Auseinandersetzung mit Zutaten, Garmethoden, Zubereitungsformen und vielen anderen Themen, die nie wieder enden wird und Ihnen hoffentlich viele spannende Stunden in der Küche und natürlich beim Essen beschert. Ob Sie sich inspirieren lassen oder einfach nachkochen – Hauptsache, Sie genießen, was dabei entsteht!

Die Rezepte sind, wenn nicht anders angegeben,
für vier Personen berechnet.

Zitr

LIMONE

★ ★ ☆
Anfänger

SAFTIGER ZITRONEN-KUCHEN

30 Min
+ Backzeit

Zutaten:

24 dag Butter
18 dag Staubzucker
24 dag Mehl
5 Eier
1 TL Backpulver
3 Bio-Zitronen
10 dag Kristallzucker

Eine Kastenform buttern und mehlen, das Backrohr auf 180 °C vorheizen.

Die weiche Butter mit dem Staubzucker schaumig rühren, die Eidotter nach und nach zugeben. Das mit dem Backpulver vermischte Mehl und die abgeriebenen Schalen der Zitronen hinzufügen. Den Schnee von den 5 Eiklar mit dem Schneebesen behutsam unterheben: zuerst ⅓, danach den Rest. Die Masse in die Kastenform füllen. Bei Ober- und Unterhitze ca. 45-50 Minuten backen.

Für den Sirup den Saft der drei Zitronen mit dem Kristallzucker unter Rühren kurz aufkochen, bis sich der Zucker auflöst. Etwas auskühlen lassen.

In den noch lauwarmen Kuchen mit einem Holzstäbchen kleine Löcher stechen und den Kuchen mit Sirup übergießen.

MAMAS BESTER LIMONCELLO

★ ★ ☆
Anfänger

Zutaten:

10 große Bio-Zitronen
1 l Weingeist (95 %)
¾ kg Kristallzucker

2 x 30 Min

Von den gewaschenen und abgetrockneten Zitronen mit einem Zestenreißer die Schale abziehen. In einem Gefäß zusammen mit dem Weingeist 2 Wochen ruhen lassen.

Nach dieser Wartezeit den Zucker mit 1 ½ Liter Wasser aufkochen, bis sich der Zucker aufgelöst hat. Den Sirup abkühlen lassen und dann zu den Zitronen geben. Alles abseihen und in sterile Flaschen füllen.

Da natürlich die Zitronen selbst übrig bleiben, empfiehlt es sich, diese auszupressen und den Saft einzufrieren. Sehr praktisch sind Eiswürfel aus Zitronensaft. Oder Sie machen einen Sirup daraus (siehe Rezept vom Zitronen-Kuchen).

★★★
Hobbykoch

MEDITERRANES ZITRONEN-HENDERL

75 Min

Zutaten:

1 Bio-Henderl
2 Bio-Zitronen
3 EL Olivenöl
⅜ l Weißwein oder Hühnersuppe
2 EL Butter
1 TL Honig
Rosmarin, Majoran, Thymian, Salz, Pfeffer

Das Henderl entlang des Rückgrats aufschneiden und auseinanderklappen. Aus den gehackten Kräutern, Salz, Pfeffer und 2 EL Olivenöl ein Pesto rühren und die Innenseite des Henderls damit marinieren. Eine Zitrone in große Stücke teilen und das aufgeklappte Henderl mit der Hautseite nach oben darauflegen - am besten auf ein Blech. Mit dem restlichen Olivenöl bestreichen, kräftig salzen und Wein oder Suppe zugießen. Im vorgeheizten Rohr bei 200 °C etwa 20 Minuten braten, danach die Temperatur auf 180 °C reduzieren und weitere 40-50 Minuten braten.

Das Henderl zerteilen, den Saft in eine kleine Kasserolle gießen und die Hühnerteile für 3-5 Minuten nochmals grillen, damit sie schön knusprig werden. Die abgeriebene Schale und den Saft einer Zitrone mit dem Hendlsaft aufkochen, den Honig und noch ein wenig Rosmarin hinzufügen und dann mit der kalten Butter montieren.

Dazu gibt's Erdäpfel (vorgekocht, die dann mit unter den Grill kommen) oder Reis und ganz viel Salat. Dieses Henderl (oder eine Variation davon) gibt's auf dringenden Wunsch unseres jüngeren Sohnes fast jeden Sonntag, und trotzdem essen wir uns an dem köstlichen Gericht nicht satt.

WUNDERWUZZI

Außergewöhnlich in Aroma und Geschmack:
Sogar der Zitronenbaum ist eine botanische Besonderheit. Er bringt das ganze Jahr über Früchte hervor und trägt Blüten und Früchte gleichzeitig.

Allgegenwärtig in der Küche:
Ihr Saft ist für sich alleine schon ein Genuss, aber darüber hinaus eine unverzichtbare Würze sowohl für Fisch, Fleisch, Gemüse, Salate, Beilagen als natürlich auch für Süßspeisen. Übrigens: Ein Schuss Zitronensaft vor dem Servieren gibt vielen (z. B. aufgewärmten) Gerichten einen Frischekick.

Herrlich aromatisch:
In der Schale sitzen die unzähligen Öldrüsen, die für den betörenden Duft verantwortlich, aber auch starke Aromaträger sind - sowohl für Süßes als auch Saures.

Tolle Haushaltshilfe:
Sie wirkt fettlösend (ausgepresste Zitronenhälften gebe ich stets in den Geschirrspüler), bleichend bzw. reinigend (Nägel und Haut freuen sich nach der Garten- oder Küchenarbeit, aber auch das Küchenbrett) und ist ganz natürlich!

Bei mir gibt's immer Bio-Zitronen, damit man ohne Bedenken stets Frucht und Schale verwenden kann.

Rote

Rübe

ROTE BETE | RAUNA | ROHNE | RANDE

★ ★ ☆
Anfänger

BUNTER SCHÜTTELSALAT MIT ROTEN RÜBEN

30 Min
+ Kochzeit

Zutaten:

1 Tasse Belugalinsen
½ Bund Jungzwiebeln
1 große Rote Rübe, gekocht und geschält
½ Gurke
1-2 Pfirsiche
1 Bund Rucola
40 dag Ziegenkäse oder Feta

Marinade:

1 EL Aceto balsamico
2 EL Weinessig
6 EL Olivenöl
Salz, Pfeffer

Die Belugalinsen 25 Minuten in Salzwasser kochen und auskühlen lassen. Mit den gewürfelten Jungzwiebeln vermischen und in ein großes Einmachglas (oder Glas mit Deckel) füllen. Rote Rübe, geschälte Gurke und Pfirsiche würfeln. Die Rote Rübe auf die Linsen schichten, danach die mit der Gurke vermischten Pfirsiche und darüber den grob zerkleinerten Rucola. Zum Abschluss mit dem gewürfelten Käse toppen.

Die Marinade in einem Schraubglas zubereiten. Unmittelbar vor dem Servieren die Marinade gut vermischen, ins große Glas gießen, den ganzen Salat gut durchschütteln und auf Tellern anrichten.

Ein Schüttelsalat (bzw. Shaking Salad) eignet sich ganz hervorragend für Picknicks oder ein Essen im Grünen. Dazu das Einmachglas bis zum Servieren gut kühlen.

FEINES ROTE RÜBEN-CARPACCIO

Zutaten:

2 gekochte und geschälte Rote Rüben
2 große gekochte speckige Erdäpfel
4 EL gehackte Walnüsse
Ingwer, Koriandergrün, Salz, Pfeffer

★ ★ ☆
Anfänger

20 Min

Marinade:

2 EL Weinessig
1 TL Dijonsenf
4 EL Olivenöl

Die Roten Rüben und die geschälten Erdäpfel in dünne Scheiben schneiden und abwechselnd kreisförmig auf großen Tellern anrichten. Salzen, pfeffern, etwas Ingwer darüber reiben und – nicht jedermanns Sache, deshalb gegebenenfalls einfach weglassen – den grob gehackten Koriander und die Walnüsse darauf verteilen. Die Marinade anrühren und über das Carpaccio träufeln.

Dieses vegane Carpaccio wird mit folgenden Zutaten ein Gericht für „Allesesser“: Ziegentopfen bzw. -käse, gebratene Mini-Tintenfische, Oktopus, Matjeshering – oder aber mit gekochter Kalbs- oder Lammzunge.

RUCK-ZUCK ROTE RÜBEN-SUPPE

Zutaten:

1 Schalotte oder kleine Zwiebel
½ kg Rote Rüben, gekocht, geschält
½ - ¾ l Hühner- oder Gemüsesuppe
2 EL Crème fraîche
Salz, Pfeffer, Muskatnuss

★☆☆ Laie

10 Min

Rote Rübe grob schneiden und mit der Suppe erwärmen. Mit der Crème fraîche im Standmixer pürieren und würzen. Je nach Gusto mit etwas geriebenem Kren servieren.

Etwas ungewöhnlich, aber sowohl farblich ein Hingucker als auch geschmacklich ein Highlight ist mein Rote Rüben-Risotto: Die Roten Rüben pürieren. Die (noch leere) Suppe verwende ich zum Aufgießen des Risotto. Und das geht so:

1 ganz fein gehackte Schalotte in 2 EL Olivenöl anschwitzen, 35 dag Risottoreis hinzufügen und glasig rösten. Salzen und mit 1 dl Vermouth ablöschen. Laufend mit der heißen Suppe aufgießen und kräftig rühren. Nach 16-20 Minuten (je nach Reissorte) 1 EL Butter und 3 EL geriebenen Parmesan unterheben, mit dem Rote Rüben-Püree vermischen und je nach Geschmack großzügig mit Pfeffer aus der Mühle würzen.

G'SUNDER ROTE RÜBEN-SMOOTHIE

★ ☆ ☆
Laie

10 Min

Zutaten:

1 Rote Rübe, roh, geschält
1 Orange
etwas geriebener Ingwer
Salz, Minze

Orangensaft auspressen und alle Zutaten im Mixer pürieren. Eventuell etwas Wasser hinzufügen, wenn der Smoothie zu dickflüssig ist (1-2 Portionen).

ROTE HELDIN

Sie ist eine Verwandte des Mangolds und der Zuckerrübe, die Rote Rübe. Mit den Römern kam sie nach Mitteleuropa.

Noch heute wird ihre auffällige Farbe zum Färben von Lebensmitteln genützt, beispielsweise für rote Pastasorten. Sie färbt natürlich auch Kochschürzen, T-Shirts und Küchenbretter „wunderbar" - aber die Flecken gehen meist gut wieder heraus!
Beim Verzehr größerer Mengen kann das auch bei Körperausscheidungen der Fall sein, was jedoch kein Grund zur Sorge ist.

Die Rote Rübe ist mit ihrem hohen Eisen-, Kalium- und Folsäuregehalt äußerst gesund, soll freie Radikale einfangen und macht sich gerade bei Sportlern einen guten Namen, weil sie deren rasche Regeneration fördern soll.

Wie dem auch sei, sie schmeckt einfach fantastisch, sowohl roh als auch gekocht oder im Rohr gebacken. Selbst die Blätter mit ihren leuchtend roten Blattadern sind als Salat oder Kochgemüse verwendbar.

Kleiner Küchentipp: Die Roten Rüben - je nach Größe - ca. 30-60 Minuten kochen, kurz abschrecken. Von der noch lauwarmen Rübe lässt sich die Haut sogar ohne Messer ganz leicht abziehen.

Kar

BLUMENKOHL

★★☆
Anfänger

ORIENTALISCHE KARFIOL-SUPPE

30 Min

Zutaten:

1 großer Karfiol
2 EL Butter
2 EL Mehl
½ Bund Petersilie
Muskatnuss, Kreuzkümmel, Salz

Den Karfiol in große Stücke teilen und für die Suppeneinlage zwei Hände voll kleiner Röschen zur Seite geben. In einem Topf zunächst die kleinen Karfiolröschen 2-4 Minuten in gesalzenem Wasser kochen, herausnehmen und abschrecken. Danach die großen Stücke im gleichen Wasser 7-10 Minuten bissfest garen, in ein Sieb abgießen und dabei das Kochwasser auffangen.

Im gleichen Topf (ich wasche nicht so gerne ab!) die Butter erhitzen, Mehl einrühren und die Einbrenn kurz anlaufen lassen. Zunächst mit einem Schuss kaltem Wasser ablöschen und die Hitze reduzieren. Dann nach und nach die Kochflüssigkeit einrühren - ungefähr einen Dreiviertelliter - und noch einmal aufkochen lassen. Mit Salz und Muskatnuss würzen und gemeinsam mit dem Karfiol pürieren. Zum Schluss mit gehackter Petersilie und 1-2 TL Kreuzkümmel vermischen, in Suppenteller füllen und mit den kleinen Röschen garnieren.

HERZHAFTE KARFIOL-STEAKS MIT LIEBSTÖCKEL-PESTO

Zutaten:

2 Karfiol
2 EL Olivenöl
Salz

★★☆
Anfänger

20 Min

Pesto:

1 Bund Liebstöckel
5 dag Kürbiskerne
1 EL Pecorino oder Parmesan
120 ml Kern- oder Olivenöl
Salz

Aus der Mitte des Karfiols vorsichtig jeweils zwei ca. 1-1,5 cm dicke Scheiben schneiden, wobei die Röschen mit dem Strunk verbunden bleiben müssen. (Den restlichen Karfiol anderweitig verwenden - z. B. für die Suppe!) Die Scheiben mit Öl bepinseln und entweder in der Pfanne oder auf dem Grill braten, bis sie beidseitig Farbe genommen haben. Mit grobem Salz würzen.

Liebstöckel grob schneiden, mit den anderen Zutaten im Mixer pürieren und den Karfiol damit nappieren. Mit gekochten Kartoffeln oder als Beilage servieren.

FLOWER POWER

In vielen Sprachen gibt das bei unseren deutschen Nachbarn Blumenkohl genannte Gemüse einen Hinweis auf seine botanische Besonderheit: cauliflower, cavolfiore, chou-fleur, coliflor etc. Tatsächlich ist er nämlich eine Ansammlung vieler kleiner Blütenknospen. Erst einmal aufgeblüht, sähe der Kreuzblütler dann aus wie viele seiner Kohlgeschwister.

Die strahlend weiße Farbe ist eigentlich erst später entstanden, ursprünglich gab es - und gibt es jetzt wieder - violette, gelbe, orange und grüne Sorten, wie den Romanesco. Sobald die Blütenknospen das Sonnenlicht erblicken, verfärben sie sich. Weiß bleiben sie nur, solange sie von Blättern geschützt sind.

Karfiol enthält Senfölglycoside, viel Vitamin C und K sowie Polyphenole, die antioxidativ wirken und ihn für die gesunde Küche empfehlen. Er hat einen feinen Geschmack, der vor allem roh oder gebraten voll zur Geltung kommt, und ist zudem - im Gegensatz zu vielen anderen Kohlsorten - leicht verdaulich.

Zucch

★★★ Hobbykoch

SPONTANE ZUCCHINI-GARNELEN-LINGUINE

25 Min

Zutaten:

2-3 Zucchini
30 dag tiefgekühlte Garnelen (oder Shrimps)
40 dag Linguine
3-4 EL Olivenöl
2 Knoblauchzehen
Salz, Pfeffer, etwas Zitronensaft
frische Kräuter: Zitronenverbene oder Petersilie

Die in Stifte geschnittenen Zucchini salzen, pfeffern und in 2-3 EL Olivenöl bissfest anbraten, aus der Pfanne nehmen und zur Seite stellen. Die in feine Scheiben geschnittenen Knoblauchzehen bei niedriger Temperatur in derselben Pfanne anlaufen lassen und die aufgetauten Garnelen darin erwärmen.

Währenddessen die Linguine al dente kochen, abgießen und mit den Zucchini zu den Garnelen geben. Nochmals abschmecken und eventuell nachwürzen. Vor dem Servieren mit etwas Zitronensaft, 1 EL Olivenöl und frischen Kräutern vermischen.

„Spontan" nenne ich dieses Gericht deshalb, weil ich Garnelen meist auf Vorrat eingefroren habe und Zucchini das ganze Jahr über erhältlich sind. Wenn dann die Söhne mit großem Hunger aus der Schule kommen, dann soll's natürlich schnell gehen mit dem Essen - und das tut es auch!

LAUWARMER ZUCCHINI-SALAT

Zutaten:

★★☆
Anfänger

20 Min

2-3 Zucchini
4 EL Olivenöl
1 Bio-Zitrone
Salz, Pfeffer
Thymian - am besten Zitronenthymian

Zucchini in breite Streifen schneiden, mit Salz und Pfeffer würzen und in 2 EL Olivenöl anbraten. Selbstverständlich kann man sie auch grillen. (Im Backrohr hingegen werden sie mir meistens etwas zu trocken.) Bevor die Zucchini weich werden, die abgezupften Thymianblätter hinzufügen. Auf einer Platte anrichten, mit der abgeriebenen Schale und mit dem Saft der Zitrone würzen und mit 2 EL Olivenöl beträufeln.

Diese lauwarme Beilage kann man gut vorbereiten und gerne noch eine halbe Stunde im Backrohr bei 70-80 °C warmhalten, bevor man mit Zitronensaft, -schale und Öl mariniert. Sogar am nächsten Tag und kalt sind diese Zucchini eine gute Ergänzung zu italienischen Antipasti.

Am liebsten verwende ich kleinere Zucchini, weil dann mehr von der g'schmackigen Schale im Gericht ist. Da sie in meiner Küche häufig zum Einsatz kommen, schneide ich sie stets etwas anders: in Würfel, Scheiben, Stifte, Blättchen, Streifen usw.

EVERGREEN

In Italien, von wo aus die Zucchini unsere Küchen vor etwa 30 Jahren geradezu überrollten, haben die beliebten Zucchini sogar einen eigenen Feiertag: Der 7. Mai ist der „giorno del zucchetto".

Womit wir schon beim Namen wären, der übersetzt „kleiner Kürbis" bedeutet und in seiner Einzahl zumindest bei unseren südlichen Nachbarn noch das „o" trägt. In unseren Breiten hat sich das „i" am Ende durchgesetzt und diese sprachliche Unkorrektheit hat, Gott sei Dank, den Siegeszug dieser in dunkelgrün, hellgrün, weiß, gelb oder gestreift daherkommenden Unterart des Gartenkürbis nicht aufgehalten.

Wir ernten sie im besten Fall unreif, in einer Länge zwischen 10 und 20 cm, um sie roh, gekocht, gegrillt oder gebraten zu verzehren und unserem Körper jede Menge Vitamin K und B6 sowie Betacarotin zuzuführen.

Wenn sie nämlich ausreift, wird sie riesig, ziemlich hart und kann dann wie ein Kürbis gelagert und verwertet werden.

Eine Zucchinipflanze ist ein dankbarer, pflegeleichter Gast im Garten. Nur die erste Frucht im Jahr sollte man ihr frühzeitig „wegnehmen", dann liefert sie reichlich Nachschub an jungen Zucchini und ebenfalls köstlichen Blüten.

Fen

hel

★★★
Hobbykoch

GEBACKENER FISCH MIT FENCHEL

20 Min

+ Backzeit

Zutaten:

4 Portionsfische oder
2 größere Exemplare (z.B. Forelle, Saibling oder Goldbrasse)
2 Fenchelknollen
30 dag Rispenparadeiser
1 rote Zwiebel
2 Bio-Zitronen
4 EL Olivenöl
Salz, Pfeffer

Ein Backblech mit Backtrennpapier auslegen. Fenchel in grobe Stücke und Zwiebel in Ringe schneiden, mit einer Marinade aus 3 EL Olivenöl, Saft sowie abgeriebener Schale einer Zitrone, Salz und Pfeffer vermischen. Die Fische säubern, innen salzen und aufs Blech legen. Die Gemüsemischung und die Paradeiser neben den Fischen platzieren.

Im vorgeheizten Backrohr bei 180 °C etwa 20-25 Minuten backen. Vor dem Servieren noch mit Zitronensaft und Olivenöl beträufeln.

Um für meine Lieben ein schnelles Essen vorzubereiten, gebe ich einen Fisch oder ein Fischfilet mit den restlichen Zutaten auf eine doppelte Lage Butterpapier und verschließe alles mit Zahnstochern zu einem Päckchen. In einer ofenfesten Form wartet das Fischpackerl im Kühlschrank, bis der hungrige Nachwuchs nach Hause kommt und es ins Backrohr schiebt.

APPETITANREGENDER FENCHEL-ORANGEN-SALAT

Zutaten:

★ ★ ★
Hobbykoch

20 Min

2 Fenchelknollen
2 Orangen
2 EL gehackte Walnüsse
1 EL Weinessig
4 EL Olivenöl
Salz und Pfeffer

Den Strunk aus den Fenchelknollen entfernen und das Gemüse mit einem sehr scharfen Küchenmesser in feine Streifen schneiden. Die Orangen filetieren: Dazu die Frucht flott mit dem Messer schälen, wobei auch die weiße Haut entfernt wird. Filets entlang der Zwischenhäutchen herausschneiden und den Saft dabei in einer Schüssel auffangen. (Dazu verwende ich ein Tomaten- oder Gemüsemesser mit feinem Wellschliff, damit geht's leichter.)

Den Orangensaft mit Essig, Olivenöl und den Gewürzen zu einer Marinade verrühren und mit den Fenchelstreifen und den Orangenfilets vorsichtig vermischen. Mit den Walnüssen und abgezupftem Fenchelgrün anrichten.

Eine kleine Portion dieses Gerichts - ohne die Walnüsse - serviere ich bei einem Essen für Gäste ganz gerne als kleine Erfrischung zwischendurch oder um die Wartezeit auf die Hauptspeise zu verkürzen.

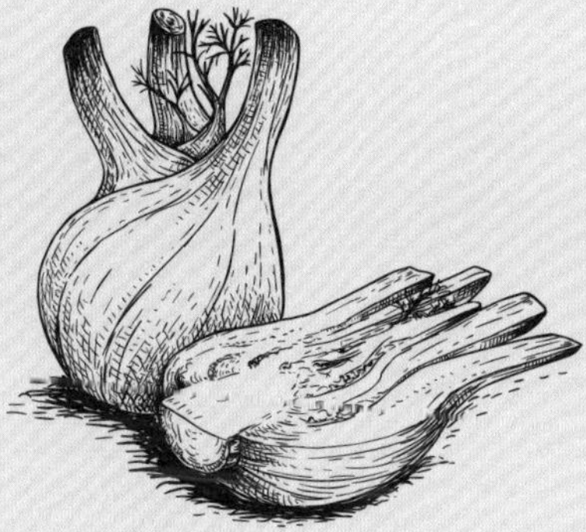

HERBE SCHÖNHEIT

Mit seinen Bitternoten und dem feinherben Geschmack, der etwas an Anis erinnert, ist der Fenchel nicht jedermanns Sache.

Vielleicht können aber seine „inneren Werte" überzeugen? Bereits im Altertum als Heilpflanze genutzt, kommt der Fenchel schon bei Babys als wahrscheinlich erstes Heilkraut zum Einsatz: Fenchel-Tee (aus den Samen) hilft gegen Blähungen bei den Kleinen und fördert die Milchbildung bei der Mutter. Fenchel wirkt antibakteriell, antiseptisch und krampflösend und ist ein guter Kaliumlieferant.

Das Gemüse ist weit weniger intensiv im Geschmack als der Samen und wird insbesondere in der mediterranen Küche hoch geschätzt. Knollen und das feine Kraut kommen sowohl roh als auch gekocht zum Einsatz.

Der bis zu zwei Meter hoch wachsende Doldenblütler ist mit seinen gefiederten Blättern und seinen leuchtend gelben Blütenständen übrigens nicht nur eine Zierde im Gemüsegarten, sondern auch im Blumenbeet.

Gu

ke

★★★
Hobbykoch

TRADITIONELLES RINDFLEISCH MIT GURKEN-SAUCE

150 Min

Zutaten:

1-1,5 kg Rindfleisch (Schulterscherzel, Kruspelspitz, Tafelspitz)
einige Markknochen
Suppengrün (Sellerie, Peterwurzel, Karotten, Lauch, Zwiebel)
2 Lorbeerblätter, einige Wacholderbeeren und Pfefferkörner,
Liebstöckel, Salz

Gurkensauce:

2 EL Butter
1 Schalotte, fein gehackt
2 geschälte und entkernte Gurken
½ EL Mehl
1 EL Tomatenmark
je 1 Schuss Weißwein und Essig
Salz, Pfeffer, Dille oder Petersilie

Fleisch und Knochen kurz abspülen. In einem großen Topf 4-5 Liter Wasser zum Kochen bringen und das Fleisch einlegen. Den aufsteigenden Schaum in den ersten 15-20 Minuten abschöpfen, danach alle Gewürze außer Salz hinzufügen und insgesamt ca. 1 ¾ Stunden bei schwacher Hitze kochen. Währenddessen das Suppengemüse zuputzen, in grobe Stücke schneiden und erst in der letzten Viertelstunde mitkochen.

In der Zwischenzeit die Schalotten in Butter anlaufen lassen, die in Stücke geschnittenen Gurken zufügen, das Tomatenmark einrühren, mit Wein oder Wasser ablöschen und zugedeckt bei schwacher Hitze 10 Minuten dünsten. Mit dem Mehl stauben, nochmals kurz erhitzen und mit gehackter Dille oder Petersilie verfeinern. Ein Schuss Essig zum Schluss bringt die nötige Säure.

Das Rindfleisch aus der Suppe nehmen, kurz rasten lassen, in Scheiben schneiden, mit etwas Suppe beträufeln und salzen. Mit gerösteten Erdäpfeln und der Gurkensauce servieren.

KNACKIGE GURKEN VOM GRILL

★ ☆ ☆

Laie

20 Min

Zutaten:

4-6 Minigurken
Salz, Pfeffer

Kleine Gurken eignen sich für diesen Snack besonders, weil man sie nicht entkernen muss und sie einen intensiveren Geschmack haben. Die gewaschenen und abgetrockneten Gurken der Länge nach halbieren und auf dem Plattengrill oder Griller bei großer Hitze mit der Schnittfläche nach unten so platzieren, dass die Linien quer oder schräg verlaufen. Je nach Hitze und „Arbeitsgerät" dauert dies etwa 10-15 Minuten. Mit der dekorativen Schnittfläche nach oben anrichten und als Beilage zu Gegrilltem servieren.

Mit einem Dip aus griechischem Joghurt, Salz, Pfeffer und etwas Knoblauchöl ergibt das so etwas wie ein „dekonstruiertes" Tsatsiki und schmeckt ein bisschen wie Urlaub in Griechenland! Das Knoblauchöl bereite ich selbst zu: Ich lasse zwei klein geschnittene Knoblauchzehen in einem Schälchen Olivenöl ca. 15-20 Minuten ziehen und verwende nur das Öl. Das ist bekömmlicher als roher Knoblauch.

FLOTTES GURKEN-LASSI

★ ☆ ☆
Laie

10 Min

Zutaten:

¼ l Joghurt
½ Gurke
⅛ l Wasser
Salz

Die Gurke schälen und in kleine Stücke schneiden, mit Joghurt, Wasser oder prickelndem Mineralwasser sowie einer Prise Salz im Mixer schaumig pürieren und eiskalt servieren (2 Portionen).

WASSERSPENDER

Der Name bedeutet „die Unreife", was biologisch gesehen völlig korrekt ist, denn wir ernten dieses Gemüse, lange bevor es Samen ausbildet und reif wird. Gurken sind eine wahrscheinlich aus Indien stammende Melonenart.

Ob Salat- bzw. Schlangengurken (stachellos), Feldgurken oder Einlegegurken - sie sind vitaminreiche Alleskönner: Als Snack zwischendurch, als Salat, Gemüse oder als eingelegte Klassiker wie Essig-, Senf- oder Salzgurken haben sie ihren festen Platz in der österreichischen Küche.

Die Schale enthält die meisten Vitamine, kann jedoch schwer verdaulich sein. Kein Wunder also, dass man Gurken üblicherweise mit Paprikapulver, Kümmel oder Dille würzt, um dies auszugleichen.

Gurken bestehen zu 96 % aus Wasser und sind fast das ganze Jahr über verfügbar. Auch im Garten oder auf dem Balkon wird man von der Natur mit reicher Ernte beschenkt, wenn man auf ausreichende Bewässerung achtet. Andernfalls können die Früchte nämlich bitter werden.

<u>Hier bleibt alles in der Familie:</u>
Vor einigen Jahren wuchs in meinem Gemüsegarten an einer (vermeintlichen) Gurkenpflanze eine ganz seltsam anmutende, „neue" Gurkensorte heran. Ich war schon sehr gespannt auf das Ergebnis und wartete mit der Ernte, bis das „Ding" eine stattliche Größe erreicht hatte. Die Überraschung war groß, als ich mich alsdann an einer Zuckermelone erfreuen durfte ;-)

ich

GENIALE PFIRSICH-RIBISEL-MARMELADE

Zutaten:

★★★
Hobbykoch

1 kg weiße Ribiseln
½ kg weiße Pfirsiche
1 ½ kg Gelierzucker

60 Min

Die Ribiseln abrebeln und mit 3 EL Wasser kurz kochen, bis die Früchte weich sind. Durch die flotte Lotte drehen oder durch ein feines Sieb passieren und zurück in den Einkochtopf geben. Die Pfirsiche schälen, entkernen und in kleine Würfel schneiden. Beide Zutaten mit 1 ½ kg Gelierzucker (1:1) oder der entsprechenden Menge Gelierzucker (1:2) vermischen, langsam aufkochen lassen und ca. 5-8 Minuten gemeinsam kochen.

Für die Gelierprobe ein Löfferl der Masse auf einen Teller geben, kurz warten. Sobald diese zu stocken beginnt, kann die Marmelade in sterile Schraubgläser abgefüllt werden.

Ich stelle die befüllten Marmeladegläser stets für eine halbe Stunde auf den Kopf und drehe sie dann wieder um. Das sorgt (im besten Fall!) für eine gleichmäßige Verteilung der Pfirsichstücke im Ribiselgelee.

Pfirsiche eignen sich hervorragend als fruchtige Beilage zu gebratenem Fleisch, ganz besonders zu Innereien (Leber, Nierndln, Bries, Herz): Dazu 2-3 Pfirsiche achteln und in 1 EL Butter anbraten; sie sollten nicht zerfallen. Mit etwas Kristallzucker bestreuen, karamellisieren lassen und beherzt pfeffern.

★★★
Hobbykoch

DER ALLERBESTE PFIRSICH-KUCHEN

30 Min

+ Backzeit

Zutaten:

20 dag Butter
20 dag Staubzucker
20 dag Mehl
5 Eier
1 Vanilleschote oder 1 Pck. Vanillezucker
1 TL Backpulver
etwas abgeriebene Schale einer Bio-Zitrone
1 ½ kg Pfirsiche

Die weiche Butter mit Zucker, Vanillezucker bzw. Mark der Vanilleschote verrühren, bis der Zucker aufgelöst ist. Danach Eidotter und etwas Zitronenschale unterrühren. Das mit dem Backpulver vermischte Mehl langsam und löffelweise zufügen. Das Geheimnis eines Rührteiges ist aus meiner Sicht, dass er lange gerührt werden sollte, um eine homogene Masse zu erhalten.

Aus den 5 Eiklar einen steifen Schnee schlagen. Zuerst ⅓ des Schnees mit dem Schneebesen unterheben, danach den Rest. Dies sollte sehr vorsichtig erfolgen, damit die Masse schön flaumig bleibt. Den Teig auf ein mit Butter befettetes oder mit Backtrennpapier ausgelegtes Blech streichen und die gewaschenen, entkernten und geachtelten Früchte gleichmäßig darauf verteilen.

Bei 180 °C im vorgeheizten Backrohr 50 Minuten backen.

Selbstverständlich eignen sich auch andere Früchte für diesen sogenannten „Gleichschwer-Kuchen". Meine Familie liebt Kirschen, Marillen oder Zwetschken - und meistens bekommt jeder seine Lieblingsfrucht gut verteilt auf einem Blech!

SO SCHMECKT SOMMER

Eine gar weite Reise hat der Pfirsich angetreten, bevor er sich in Mitteleuropa niedergelassen hat. Über China, Persien und Griechenland ist er gekommen und hat von dieser Route bis heute seinen botanischen Namen behalten: Prunus persica.

Ob weißfleischig, gelbfleischig oder der spezielle - in Österreich geschützte! - Weingartenpfirsich: Es ist der Geschmack des Sommers, den uns der Pfirsich schenkt. Er ist ein heikler Gesell, nicht lange haltbar und empfindlich, umso wertvoller ist er, wenn seine Zeit gekommen ist.

Ob roh oder als Saft, für Kuchen, Marmeladen oder als Beilage - er erfreut nicht nur unseren Gaumen, sondern mit seinen sekundären Pflanzenstoffen darüber hinaus unsere Gesundheit. An seiner Wirkung gegen Krebserkrankungen wird derzeit intensiv geforscht.

Botanische Varietäten sind die Nektarine und der Plattpfirsich (oder Paraguayo), die sich durch das Fehlen der pelzigen Haut einerseits und das handliche Format andererseits zu beliebten Familienmitgliedern des Pfirsichs gemausert haben.

Heidel

beere

SCHWARZBEERE | MOOSBEERE | BLAUBEERE

KÖSTLICHER HEIDELBEER-SPINAT-SALAT

Zutaten:

30 dag junger Spinat
¼ kg Heidelbeeren

Marinade:

je 1 EL Weinessig und Aceto balsamico
2 EL Walnussöl
2 EL Olivenöl
Salz, Pfeffer

★ ☆ ☆
Laie

10 Min

Die Marinade verquirlen und kurz vor dem Anrichten mit dem Spinat und den Heidelbeeren vermischen.

Diesen Salat kombinierte ich erstmals mit karamellisierten Pfirsichen (siehe Seite 61) zu gegrilltem Lamm.

Fleischgerichte gibt's bei uns fast ausschließlich am Wochenende und eigentlich immer, wenn wir Besuch haben. Dabei versuche ich zunehmend, auf üppige Sättigungsbeilagen zu verzichten und stattdessen die Gemüsebeilagen neu zusammenzustellen. Den Gästen scheint's zu schmecken - oder aber sie sind einfach nur sehr vornehm ;-)

★★★
Hobbykoch

UNWIDERSTEHLICHE HEIDELBEER-DATSCHI

40 Min

Zutaten:

20-25 dag Mehl
ca. ⅜ l Milch
3 Eier
ca. ¾ kg Heidelbeeren
1 Prise Salz
Butter

Aus Milch, Mehl, Eiern und Salz einen Palatschinkenteig rühren. 10-15 Minuten rasten lassen und danach die handverlesenen Heidelbeeren zugeben. In einer beschichteten Pfanne einen Knopf Butter erhitzen und darin einen knappen Schöpfer der Teigmasse knusprig herausbacken. Mit ein wenig Staubzucker bestreut - eine köstliche Haupt- oder Nachspeise.

Wer's mag, genießt die Heidelbeer-Datschi mit etwas Sauerrahm und Zimt. Da scheiden sich bei uns allerdings die Geister: Die Puristen nehmen nur Zucker.

In meiner Familie waren die Heidelbeer-Datschi stets eine Art Verlegenheitslösung, wenn wir beim Schwammerlsuchen nicht ausreichend fündig wurden - jedoch eine, die bei allen große Begeisterung auslöste! Denn natürlich schmecken die Heidelbeer-Datschi am besten mit selbstgefundenen Heidelbeeren. Am zweitbesten sind sie mit Kulturheidelbeeren vom Bio-Betrieb, die unser älterer Sohn während seiner Ferialarbeit eigenhändig pflücken durfte (so wie jene auf dem Bild).

LUFTIG-LEICHTE HEIDELBEER-PAVLOVA

Zutaten:

4 ganz frische Bio-Eier (nur das Eiweiß)
23 dag ganz feiner Kristallzucker
3 TL Speisestärke
1 Bio-Zitrone
½ l Schlagobers
1 EL Staubzucker
ca. ¾ kg Heidelbeeren

★★☆
Anfänger

2 x 15 Min
+ Backzeit

Eiweiße von den Dottern trennen und halbsteif schlagen. Nach und nach den Kristallzucker hinzufügen und etwa 7-8 Minuten weiterschlagen, bis eine glänzende Masse entsteht. Die Zuckerkristalle sollten nicht mehr spürbar sein, wenn man die Masse zwischen den Fingern verreibt. 3 TL Speisestärke (ich nehme Maisstärke), die abgeriebene Schale und 1 TL Saft der Zitrone darunterziehen. Den Schnee kreisrund auf ein mit Backpapier ausgelegtes Blech setzen und bei 120 °C im vorgeheizten Backrohr etwa 1 Stunde backen.

Kurz vor dem Servieren das Obers steif schlagen und 1 EL Staubzucker unterheben. Obers auf die Pavlova streichen und mit den Beeren belegen. Ich nehme meistens nicht nur eine Beerensorte, sondern mische einfach, was mein Garten oder das Marktangebot hergibt.

Die Pavlova hat sich insbesondere als Dessert bewährt, wenn wir Gäste haben. Sie ist erstens gut vorzubereiten (eventuell auch schon am Vortag) und nach einem schweren Essen ist sie tatsächlich ein fruchtig-leichter Abschluss.

BLAUES WUNDER

In schattigen Wäldern, auf Heiden, im Tal und auch noch hoch oben in den Bergen sind diese kleinen Vitaminbomben ab dem Sommer zu finden. Die Früchte dieses Heidekrautgewächses sind durch und durch blau gefärbt, sodass heimliches Naschen niemals unentdeckt bleibt.

Nicht so bei der kultivierten Gartenform, deren Fruchtfleisch hell ist. Die Größe dieser Früchte, ihre gute Lagerfähigkeit und der längere Erntezeitraum haben insbesondere die Kulturheidelbeere zum beliebten Superfood avancieren lassen, denn ihre Wirkung ist ebenso antioxidativ und entzündungshemmend.

Interessant ist das Phänomen, dass frische Beeren in größeren Mengen einen abführenden Effekt haben. Getrocknet, in Wasser eingeweicht oder gekocht als Brei wirken sie hingegen gegen Durchfall.

Übrigens: Die schwarzblauen Lippen gehen mit Zitronensaft oder Ribiseln wieder weg!

5 gute Gründe fürs selber Kochen

WER SELBER KOCHT, DER ISST ...

BESSER

Frische Zutaten, mit Liebe zubereitet und angerichtet - das ist durch nichts zu ersetzen! Außerdem kann man sich schon beim Auswählen der Gerichte auf die eigenen Vorlieben einstellen - oder öfter einmal etwas Neues ausprobieren. Seien Sie mutig, kombinieren Sie Ungewöhnliches und entdecken Sie, was Ihnen am besten schmeckt!

GESÜNDER

Wer selber kocht, vermeidet Geschmacksverstärker und Konservierungsstoffe, die in fast allen Fertig- oder Halbfertigprodukten enthalten sind - ebenso wie übermäßig viel Zucker und Fett.

MIT MEHR SPASS

Kochen soll und darf Freude bereiten - nicht erst beim Essen. Vor allem, wenn man die Zeit des Zubereitens zum Plaudern nützt und sich dann vielleicht sogar eine helfende Hand findet.

GÜNSTIGER

Mit saisonalen Zutaten und ohne Fertigprodukte ist man meistens billiger versorgt. Außerdem kann man exakt die passenden Portionen zubereiten und vermeidet Abfall.

VORBILDHAFT

Vor allem, wenn Kinder oder Enkelkinder beim Kochen dabei sind, schult man deren Fertigkeiten, Gaumen und auch Essgewohnheiten. Kochen ist nicht zuletzt ein wertvolles Kulturgut, das wir an die nächsten Generationen weitergeben können.

Was ich immer vorrätig habe

Neben den klassischen Grundnahrungsmitteln wie Mehl, Staub- und Kristallzucker, Reis, Nudeln usw. habe ich einige Zutaten stets daheim, um schnell eine Kleinigkeit auf den Tisch zu zaubern bzw. dem Essen die nötige Würze zu verleihen.

FRISCHE KRÄUTER

Kleine Kräutertöpfchen sind nicht nur praktisch, sondern auch dekorativ - und haben stets einen Platz in meiner Küche, sobald die Ernte im Garten (oder Balkon) vorbei ist. Basilikum, Minze und Koriander sind meine Favoriten. Schnittlauch, Petersilie und Liebstöckel friere ich ein. Majoran, Oregano, Rosmarin und Thymian verwende ich auch getrocknet.

(BIO-)ZITRONEN

Die Zitrone ist nicht umsonst auf der Titelseite dieses Büchleins gelandet, sie ist auch ein Dauergast in meiner Küche. Stets im Kühlschrank gelagert, damit sie gut haltbar bleibt, gibt es wenige Tage, an denen ich ihre Qualitäten nicht in Anspruch nehme. Und wenn sich doch einmal eine ihrem biologischen Verfall nähert, dann mache ich Zitronenwasser, Limonade oder heiße Zitrone daraus.

WIRKLICH GUTES (BIO-)OLIVENÖL

Da die ganze Familie den Eigengeschmack von Olivenöl sehr schätzt und da Fett ein wesentlicher Geschmacksträger ist, lege ich großen Wert auf gutes, kalt gepresstes Olivenöl. Zum Anbraten versuche ich, eher sparsam damit umzugehen, dafür gebe ich unmittelbar vor dem Anrichten noch einen Schuss frisches Öl dazu, um den Geschmack von Gemüse, Pasta, Fisch oder Fleisch zu intensivieren.

IM TIEFKÜHLER WARTEN ...

einige Klassiker, wie Hühner- oder Rindsuppe, von denen ich stets größere Mengen zubereite, weiters Garnelen (die lieben unsere Kinder!), Kräuter, Zitronensaft in Eiswürfelform, Erbsen und - last not least - die selbst zubereitete Bolognese in handlichen Portionen.